Les ÉMOTIONS
racontées aux enfants

D1300559

Catalogage avant publication de Bibliothèque et Archives nationales du Québec et Bibliothèque et Archives Canada

Hébert, Ariane, 1974-, auteur

Les émotions racontées aux enfants / Ariane Hébert ; illustrations par Jean Morin.

Public cible : Pour enfants.

ISBN 978-2-89662-578-9

1. Émotions chez l'enfant – Ouvrages pour la jeunesse. I. Morin, Jean, 1959-, illustrateur. II. Titre.

BF723.E6H42 2018   j155.4'124   C2018-940452-3

Édition
Les Éditions de Mortagne
C.P. 116
Boucherville (Québec) J4B 5E6
editionsdemortagne.com

Tous droits réservés
Les Éditions de Mortagne
© Ottawa 2018

Illustrations
© Jean Morin

Dépôt légal
Bibliothèque et Archives Canada
Bibliothèque et Archives nationales du Québec
Bibliothèque nationale de France
2e trimestre 2018

ISBN 978-2-89662-578-9
ISBN (epdf) 978-2-89662-579-6
ISBN (epub) 978-2-89662-580-2

1 2 3 4 5 – 18 – 22 21 20 19 18

Imprimé au Canada

Veuillez noter que, dans le texte, les titres et fonctions sont employés indifférem- ment au féminin ou au masculin.

Gouvernement du Québec – Programme de crédit d'impôt pour l'édition de livres – Gestion SODEC.

Membre de l'Association nationale des éditeurs de livres (ANEL)

ARIANE HÉBERT, psychologue

Les ÉMOTIONS
racontées aux enfants

Illustrations par
Jean Morin

ÉDITIONS DE **Mortagne**

Les émotions les plus belles sont celles que tu ne sais pas expliquer.

CHARLES BAUDELAIRE

— Allez, les filles, dépêchez-vous! s'écrie Christophe.

— Mais pourquoi ton frère est-il si pressé? demande Lili à Beth.

— Parce que c'est aujourd'hui que Professeur finit d'assembler Tom!

Beth explique à son amie que Tom est un robot, identique à un véritable humain. Un vieux scientifique, ami de la famille, travaille à le concevoir.

Pourquoi ?

Il y a quelque temps, Christophe a été hospitalisé à cause d'une maladie CONTAGIEUSE. Pendant plusieurs jours, il n'a pas pu recevoir la visite de ses copains. Il se sentait bien seul et triste. À sa sortie de l'hôpital, il est donc allé voir Professeur. Il lui a suggéré de mettre au point un compagnon parfait pour les enfants malades. Le savant a tout de suite commencé à créer Tom. Toutefois, malgré plusieurs tentatives d'activation, son robot n'est pas encore prêt. Tous croisent les doigts pour que cette fois soit la bonne !

Curieuse, Lili suit ses amis jusque dans le laboratoire du SCIENTIFIQUE.

— Bonjour, les enfants! s'écrie l'homme en les voyant. Vous arrivez juste à temps… je m'apprête à intégrer les émotions dans l'ordinateur central de Tom. Voilà, je crois qu'on y est.

En s'approchant du savant, Lili remarque d'étranges puces électroniques sur son bureau. Des mots y sont inscrits. Elle y lit six émotions différentes: la peur, la colère, le dégoût, la tristesse, l'amour et la JOIE.

— Attendez, Professeur! s'exclame la jeune fille. Pourquoi toutes les mettre dans le robot? Est-ce qu'on est obligés?

— Lesquelles aimerais-tu que je programme, Lili?

— L'amour, bien entendu!

— Tu parles de l'amour romantique, Christophe. Celui que vivent les amoureux, précise Professeur. Ce n'est pas le seul qui existe, tu sais. Il y a aussi l'amour que tu portes à ton papa, à ta maman et à tes amis. Pense également à l'amour envers les autres créatures de la terre, comme les ANIMAUX de compagnie...

— L'amour d'un frère pour sa sœur..., complète Beth avec un clin d'œil à l'endroit de Christophe.

— Ça, n'y compte pas trop! rétorque le garçon en tirant la langue.

Alors que tout le monde rit de bon cœur, Lili semble pensive.

— Ajoutez aussi la joie! dit-elle au scientifique. Les autres émotions sont trop désagréables à vivre. On peut les laisser tomber.

— Elles sont pourtant essentielles, objecte Professeur.

— Ah oui? Pourquoi? s'étonne Lili.

REGARDE MON TBI[1]; CES EXPLICATIONS DEVRAIENT T'AIDER À COMPRENDRE.

Tes émotions : une mine d'informations

● Tes émotions sont des réactions provoquées par des pensées, des souvenirs ou des événements vécus dans ton quotidien.

● Tes émotions t'informent sur ton état intérieur. De la même façon que des frissons t'indiquent que tu as froid et que tu dois te couvrir. Ou que des crampes à l'estomac t'indiquent que tu as faim et que tu dois manger.

● Tes émotions te renseignent sur :

    — ce que tu vis ;

    — ce qui est bon pour toi ;

    — ce que tu devrais faire pour te protéger, ou changer une situation embêtante.

---

1. Tableau blanc interactif.

● Que vois-tu sur cette image ? Est-ce que ça te rappelle des souvenirs ?

● Selon toi, comment se sentent les personnages dans cette scène ?

● Comment chaque personnage réagit-il à ce qui lui arrive ?

● Est-ce que certains personnages auraient envie de poser une action pour changer leur situation ? Si oui, qui voudrait faire quoi ?

— C'est vrai que toutes nos ÉMOTIONS sont importantes! clame Christophe. L'autre jour, Professeur a mis Tom en marche avant d'avoir programmé le dégoût. Affamé, le pauvre robot a commencé à manger tout ce qu'il trouvait sur son chemin! Pendant que j'avais le dos tourné, il a englouti un sandwich moisi resté dans mon sac d'école. S'il avait ressenti cette émotion, il aurait pu savoir que manger ce sandwich était une mauvaise idée et il l'aurait laissé de côté.

— Absolument, mon grand! Le dégoût sert en effet à nous prévenir que certains aliments peuvent être dangereux pour notre santé, explique le scientifique. Il nous incite à nous tenir loin de ce qui pourrait nous rendre malades.

— La peur aussi sert à nous protéger, n'est-ce pas? l'interroge Beth. Quand je roule à vélo et que je vais trop vite, je ressens parfois de la peur. Alors je ralentis. Ça calme ma crainte de tomber et de me BLESSER.

Tout sourire, le scientifique confirme à Beth qu'elle a bien compris. Il installe ensuite avec soin la puce électronique de la peur dans le dos de son robot. En pointant son stylet vers le TBI, il précise:

— La peur est une émotion qui nous met en état d'alerte, un peu comme une alarme de FEU. Elle s'active afin de nous inciter à réagir rapidement pour nous protéger.

— Moi, j'ai souvent peur, la **nuit**, quand ma chambre est plongée dans le noir, confie Lili. Maman m'affirme qu'il n'y a aucun danger et je sais qu'elle a raison, mais il m'arrive de continuer à ressentir de la peur.

— Retiens ceci, Lili : les émotions ne raisonnent pas. Elles sont irréfléchies. Ainsi, la peur s'installe dès qu'un événement semble menacer ta sécurité. Elle cherche à te protéger et elle le fait parfois de façon exagérée, comme lorsque tu as peur du noir.

Professeur explique ensuite aux enfants que les émotions sont rapides comme l'éclair. On les ressent avant même que le cerveau puisse analyser la situation. Elles sont des réactions instinctives et se déclenchent sans crier gare.

La peur, ça ne réfléchit pas. Ça réagit.

La peur des éclairs et du tonnerre est bien utile lorsque nous sommes à l'extérieur. Elle nous rappelle de nous mettre à l'abri rapidement! Elle n'est cependant pas justifiée lorsque nous sommes protégés par notre maison... Plusieurs personnes deviennent néanmoins très anxieuses pendant un orage.

La peur des serpents est programmée dans nos gènes. Même les tout-petits ont des réactions de frayeur si on leur montre des images de ce reptile. Nous savons pourtant qu'un serpent sur un écran n'a jamais attaqué personne!

La peur du noir découle de la crainte d'être surpris. Le cerveau s'emballe en tentant de cerner l'environnement et de prévoir ce qui va se passer. Devant son incapacité à le faire, il crie: «Danger!»

DANGER!

La peur de parler devant la classe est associée à l'inquiétude qu'on ressent à l'idée d'être jugé ou rejeté. Comme si nos amis allaient nous abandonner à la moindre GAFFE!

— Lorsque la peur prend d'assaut ton corps, poursuit Professeur, demande à ton cerveau de réfléchir pour déterminer s'il y a vraiment un **DANGER**. S'il n'y en a pas, la peur doit apprendre à ne plus se montrer le bout du nez et à laisser ton courage avoir le dessus !

— C'est difficile de maîtriser ses émotions ! souligne Christophe en soupirant. Ça m'arrive de me mettre en colère. Mon ventre se serre, mes muscles deviennent tendus, ma mâchoire se crispe et j'ai soudainement très chaud. Je **DÉTESTE** ces sensations ! J'aimerais mieux ne jamais ressentir de colère !

— Rappelle-toi que ça t'a été très utile pour que tu imposes tes limites à l'école, l'autre jour ! lui lance Beth.

Puis, en s'adressant à Lili et au scientifique, elle raconte que la colère de Christophe lui a permis d'affronter un garçon de sixième année qui lui volait toujours son BALLON pendant les récréations. Quand il en a eu assez, il a rassemblé tout son courage et s'est imposé. Animé par sa colère, il a enfin exprimé sa pensée: si ce vilain continuait à se montrer irrespectueux, Christophe allait solliciter l'aide d'un adulte. L'éducatrice a vu toute la scène et elle l'a félicité d'avoir si bien exprimé son mécontentement. Depuis ce jour, Christophe peut JOUER avec son ballon sans avoir peur. Quel soulagement!

— Bravo, Christophe! s'exclame Professeur. Tu as bien utilisé ta colère dans ce cas précis. Il est vrai qu'elle peut parfois être désagréable, mais elle est essentielle...

L'homme leur raconte qu'il a d'abord fait l'erreur de ne pas **programmer** cette émotion chez Tom. Lors de sa première visite à l'hôpital, son robot est tombé sur un petit garçon espiègle qui l'a enfermé dans les toilettes. Heureusement qu'une infirmière l'a libéré!

Contrairement à Christophe, Tom s'est montré trop gentil en revoyant le garçon, peu de temps après... alors il s'est de nouveau fait piéger! Le sacripant lui a volé ses souliers, cette fois. Tom a dû se promener nu-pieds jusqu'à son retour à la maison. Professeur a réalisé que, s'il voulait que son  soit capable de réagir aux injustices, il devait lui ajouter la colère.

— Mais... vous n'aviez pas peur que Tom fasse des crises ? demande Lili au scientifique.

— Comme moi, quand je perds une partie de hockey ou que ma mère m'ordonne d'aller au lit quand je joue à mes jeux vidéo, murmure Christophe, l'air penaud. La colère me fait dire des choses ou poser des gestes que je regrette par la suite.

— Les émotions ne sont pourtant pas responsables de nos comportements, les enfants. Il faut apprendre à les MAÎTRISER. Regardez ce qui suit et vous verrez qu'il existe différentes façons de réagir lorsque vous ressentez une émotion :

Le chemin des émotions

Lorsqu'un événement se produit, une émotion est déclenchée et des sensations sont ressenties dans tout le corps.

Pour ramener le calme et l'équilibre à l'intérieur de lui, l'enfant doit poser des actions. Il peut choisir de réagir impulsivement ou de réfléchir à des stratégies pour calmer son émotion adéquatement.

— Vous saisissez, les enfants? leur demande Professeur. Les émotions nous donnent des informations très importantes sur ce que nous vivons. Il faut apprendre à bien réagir à ces **SIGNAUX**.

— Facile à dire! On fait ça comment? s'informe Christophe, sceptique.

Le savant explique aux enfants que la première étape consiste à reconnaître l'émotion qui monte en nous. Parfois, elle se manifeste avec une telle **intensité** qu'elle est facile à identifier. En d'autres occasions, elle est plus discrète... tout dépend de l'événement vécu et de l'importance qu'on lui accorde. Si on apprend

à cerner rapidement l'émotion qui se présente, les stratégies pour la gérer s'appliquent mieux. Citant en exemple la COLÈRE de Christophe pendant une partie de hockey, Professeur lui propose d'utiliser plutôt cette énergie qui monte en lui pour se motiver à s'améliorer sur la glace !

— Moi, j'aimerais savoir à quoi sert la tristesse, dit Lili. Si je pouvais éliminer cette émotion, je le ferais sans hésiter.

Lili raconte alors qu'elle a beaucoup pleuré lorsque son chat Gribouille s'est sauvé. Une grosse boule s'est installée dans sa gorge pendant des jours. Elle mangeait moins et avait perdu le goût de s'amuser comme avant. Elle se sentait terriblement triste !

— Je suis d'accord avec toi, Lili ! ajoute Beth. Hier, je me suis sentie triste, moi aussi, quand mon enseignante m'a RÉPRIMANDÉE. J'ai eu l'impression qu'elle était déçue de moi, qu'elle ne m'aimait plus...

— Vous avez vécu deux situations très différentes, qui ont pourtant entraîné la même émotion, précise le scientifique. La TRISTESSE peut être provoquée par une multitude de circonstances, ce qui est aussi vrai pour les autres émotions.

Une même émotion
et une multitude de situations

La joie peut se manifester à la suite d'un événement agréable, de mots qui nous font rire, à la vue d'une personne qu'on affectionne, après une victoire ou un succès, etc.

La colère peut être suscitée par le geste brusque d'un camarade, par une interdiction formulée par un adulte, par un échec à un sport ou à une activité, par une parole malintentionnée, etc.

L'amour peut découler de propos bienveillants, de gestes tendres, d'une complicité entre deux personnes, etc.

La peur peut être ressentie lorsque nous sommes en présence d'un danger réel (comme une branche d'arbre qui tombe droit sur nous), d'un danger potentiel (comme tomber nez à nez avec une moufette) ou d'un danger imaginaire (comme lorsqu'on croit qu'il y a un monstre sous le lit).

Le dégoût peut être occasionné par la vue d'un insecte étrange, par une odeur nauséabonde, par un comportement humiliant, par des pensées abominables, etc.

La tristesse peut être causée par la perte d'un être cher, par l'impression de ne pas être aimé, par un échec ou une contrariété, etc.

— Mais elle sert à quoi, la tristesse, Professeur ? insiste Christophe. Pourrions-nous vivre sans elle ?

— Oh que non ! Elle indique que nous ressentons un MANQUE à combler ou que nous vivons une situation qui doit être changée. C'est ce qui m'est arrivé lorsque tu es venu me voir, après ton séjour à l'hôpital. J'ai compris et j'ai ressenti ta peine. Elle a suscité chez moi le désir de créer Tom.

MA TRISTESSE VOUS A FAIT DE LA PEINE ?

LES ÉMOTIONS SONT CONTAGIEUSES.

L'homme insère ensuite une autre puce ÉLEC-TRONIQUE dans son robot.

— Ça y est, les enfants, la dernière émotion est programmée! annonce-t-il. Je peux maintenant mettre Tom en marche.

Il appuie sur un bouton derrière la tête du robot et une série de BIP! se fait entendre. Les yeux de Tom s'illuminent et il s'exclame:

BONJOUR !
JE SUIS TRÈS
HEUREUX D'ÊTRE
PARMI VOUS !

— La joie est une émotion agréable, n'est-ce pas, Tom ? lui demande le scientifique. Et le plus **merveilleux**, c'est qu'elle est rapidement ressentie par tous ceux qui t'entourent. Qu'en dites-vous, les enfants ?

— Ouiiiiii ! s'écrient Lili, Beth et Christophe à l'unisson.

— Je suis persuadé que la joie remplira aussi le cœur de tous les enfants malades que tu visiteras à l'hôpital. Bienvenue dans notre monde, Tom !

Professeur a programmé six émotions dans l'ordinateur central de Tom le robot: l'amour, la peur, la colère, le dégoût, la tristesse et la joie. Il en existe cependant beaucoup plus! En voici quelques nouvelles, accompagnées des situations où elles peuvent être ressenties.

Peut-être reconnaîtras-tu des émotions que tu vis parfois, toi aussi.

L'excitation

> JE ME SENS FÉBRILE, JE DÉBORDE D'ÉNERGIE, J'AI DU MAL À CONTENIR MA JOIE !

Lili ressent de l'excitation la veille de Noël, en examinant le ciel étoilé à la recherche du traîneau du père Noël.

Christophe est excité pendant la récréation ; il s'amuse tellement en jouant avec ses amis !

Toi, dans quelles circonstances t'arrive-t-il d'être excité ?

La culpabilité

JE ME SENS TRÈS MAL APRÈS CE QUE J'AI FAIT. JE REGRETTE ET JE VOUDRAIS RETOURNER EN ARRIÈRE POUR POUVOIR AGIR AUTREMENT.

Christophe se sent coupable d'avoir menti à son ami.

Beth est rongée par la culpabilité parce qu'elle a crié très fort après sa maman.

Peux-tu te rappeler une situation où tu t'es senti coupable ?

L'inquiétude

> J'AI DES INCERTITUDES, DES CRAINTES, DES FRAYEURS ET LA DÉSAGRÉABLE SENSATION D'ÊTRE TOURMENTÉ.

Lili est inquiète que son exposé oral ne se déroule pas comme elle le souhaite et que ses camarades de classe se moquent d'elle.

L'inquiétude est le sentiment que vit Beth lorsqu'elle pense au camp d'été qu'elle doit bientôt fréquenter.

De ton côté, qu'est-ce qui te rend inquiet?

La méfiance

J'HÉSITE À FAIRE CONFIANCE, J'AI DES DOUTES ET JE ME TIENS SUR MES GARDES EN PRÉSENCE D'UNE PERSONNE OU D'UNE SITUATION PRÉCISE.

Christophe se méfie du chien attaché à la clôture du voisin. Il préfère ne pas s'en approcher.

Les parents de Lili lui répètent qu'elle aurait du plaisir à apprendre à skier, mais elle se montre méfiante à l'idée d'essayer ce sport.

Toi, est-ce que des activités, des personnes ou des animaux t'inspirent de la méfiance ?

La solitude

J'AI L'IMPRESSION D'ÊTRE ISOLÉE OU DÉLAISSÉE PAR LES AUTRES. LEUR PRÉSENCE ME MANQUE.

Quand elle se fait garder, Beth se sent seule et se demande pourquoi ses parents sont sortis sans l'amener.

Christophe ressentait de la solitude lorsqu'il a constaté, à la rentrée, qu'aucun de ses amis n'était dans la même classe que lui.

Quand t'arrive-t-il d'éprouver de la solitude ?

La timidité

JE ME SENS MAL À L'AISE, GÊNÉE ET EMBARRASSÉE EN PRÉSENCE DES GENS QUE JE CONNAIS MOINS ; JE MANQUE D'ASSURANCE.

Lili est très timide lorsqu'elle rencontre ses oncles et ses tantes à Noël. Elle préfère garder le silence plutôt que de répondre à toutes leurs questions.

Lorsque la serveuse vient vers lui, au restaurant, Christophe sent la timidité le gagner. Il rougit et laisse ses parents commander pour lui.

La timidité est-elle une émotion que tu ressens souvent ?

La confiance

> J'AI DE L'ASSURANCE ET DU COURAGE, PARCE QUE JE CONNAIS MES FORCES ET MES CAPACITÉS. JE SENS ÉGALEMENT QUE JE PEUX ME FIER SUR LES AUTRES.

Lorsqu'elle a appris à faire du vélo sans petites roues, Lili avait confiance en son papa, qui l'aidait à garder son équilibre.

Professeur se sentait confiant lorsqu'il a commencé à créer Tom le robot, car il se savait capable de réussir une invention aussi géniale!

As-tu, dans ton entourage, des personnes en qui tu as confiance? Te sens-tu confiant dans tes aptitudes et tes habiletés à affronter diverses situations de la vie?

L'amusement

J'AI DU PLAISIR, JE ME SENS GAI ET JOYEUX À LA FOIS.

Christophe s'amuse beaucoup quand il va au parc; il aime se balancer très haut!

Lili s'amuse à enseigner à ses poupées les additions et les soustractions, comme une véritable enseignante.

Parmi tout ce qui t'amuse dans ta vie, que préfères-tu?

La surprise

JE SUIS ÉBRANLÉE PAR QUELQUE CHOSE D'INATTENDU.

Christophe était surpris lorsque ses parents lui ont annoncé qu'ils attendaient un nouveau bébé.

Le déménagement de Lili a été une surprise pour elle, puisqu'elle n'avait jamais envisagé de changer de maison.

La surprise peut être une émotion plaisante ou déplaisante, selon ce qui survient. Te rappelles-tu avoir été agréablement surpris? As-tu déjà vécu une surprise que tu n'as pas du tout appréciée?

La honte

> J'AI COMMIS UN GESTE QUI EST MAL JUGÉ PAR LES AUTRES, ET JE ME SENS RABAISSÉ, HUMILIÉ.

Professeur a honte d'avoir fait autant d'erreurs lors de ses expériences passées.

Lili se sent honteuse lorsqu'elle trébuche sur ses mots et bafouille; qu'est-ce que les autres penseront d'elle?

Est-ce que la honte est une émotion que tu as déjà vécue?

La compassion

> JE SUIS SENSIBLE AUX MALHEURS DES AUTRES ; LEUR SITUATION ME TOUCHE PROFONDÉMENT.

Christophe est compatissant quand il voit Beth pleurer parce qu'elle a perdu son collier préféré. Il se sent triste pour elle.

Beth comprend la douleur de Lili à la suite du divorce de ses parents. Elle est capable d'imaginer la peine qu'elle aurait si ça lui arrivait et éprouve de la compassion pour son amie.

Est-ce qu'un événement vécu par quelqu'un de ton entourage t'a déjà fait ressentir de la compassion ?

L'envie

J'AI LE DÉSIR D'AVOIR OU DE FAIRE QUELQUE CHOSE. J'AIMERAIS TANT QUE MON SOUHAIT SE RÉALISE !

En cette journée de canicule, Professeur a vraiment envie d'une bonne crème glacée.

Christophe envie sa sœur qui patauge dans la piscine pendant qu'il est obligé de rester dans la maison pour terminer ses leçons.

Il t'arrive certainement d'éprouver de l'envie. Sauras-tu nommer ce qui déclenche cette émotion ?

Le mépris

J'AI LE SENTIMENT QUE LES AGISSEMENTS D'UNE PERSONNE SONT INCORRECTS, MAUVAIS OU MALHONNÊTES. ELLE NE MÉRITE PAS MON RESPECT.

Christophe méprise ce garçon qui lance des roches sur les oiseaux.

Beth ressent du mépris lorsqu'elle apprend que sa voisine lui a volé sa poupée préférée.

Le mépris peut être une émotion difficile à reconnaître; penses-tu en avoir déjà éprouvé?

La détresse

> JE SUIS ANGOISSÉ, SOUCIEUX ET JE ME SENS IMPUISSANT DEVANT UNE SITUATION.

Professeur a rencontré un problème pendant la création de Tom le robot, mais personne ne pouvait lui venir en aide, puisqu'il en est l'inventeur. Il a éprouvé de la détresse et s'est demandé s'il allait atteindre son but.

Lili se sent en détresse devant cet examen de mathématiques très difficile. Elle ne sait pas comment y arriver!

Quelle pénible émotion! T'es-tu déjà senti de la sorte?

La frustration

> LA CONTRARIÉTÉ QUE JE VIS VIENT DU FAIT QUE JE N'ARRIVE PAS À RÉALISER MON DÉSIR OU À ATTEINDRE MON BUT.

Après plusieurs heures d'entraînement, Beth est toujours incapable de réaliser un plongeon et elle ressent de la frustration.

Christophe est frustré de ne pas avoir compté de but, au soccer.

La frustration est une émotion qui se rapproche beaucoup de la colère. Qu'est-ce qui te met dans un tel état?

La curiosité

> JE M'INTÉRESSE À CE QUE DIT CETTE PERSONNE ET JE PRENDS PLAISIR À LUI POSER DES QUESTIONS POUR EN CONNAÎTRE DAVANTAGE À SON SUJET.

Christophe démontre une grande curiosité pour tout ce qui touche la mécanique. C'est pourquoi il démonte pièce à pièce tous les objets qui sont à sa portée !

Lili est curieuse d'entendre le récit des vacances de son amie et elle la questionne pour en avoir tous les détails.

Éprouves-tu régulièrement de la curiosité ? Est-ce que tes centres d'intérêt changent, avec le temps ?

EST-CE PARFOIS DIFFICILE POUR TOI DE GÉRER TES ÉMOTIONS?

AS-TU DES RÉACTIONS QU'IL T'ARRIVE DE NE PAS POUVOIR CONTRÔLER ?

SI C'EST LE CAS, LES STRATÉGIES QUI SUIVENT T'AIDERONT À DEMEURER MAÎTRE DE LA SITUATION.

Reconnais les réactions physiques liées aux émotions

Sois attentif à ce qui se passe dans ton corps. Lorsque tu perçois des sensations nouvelles, comme ton cœur qui bat plus vite ou ton ventre qui se serre, prends le temps d'identifier la source de ce changement.

Peux-tu reconnaître l'émotion qui monte en toi?

Pour te guider, voici différentes émotions et les réactions physiques qui les accompagnent:

L'amour: Respiration plus profonde, muscles décontractés, sensation d'être léger, impression de bien-être.

Le dégoût: Nausée, nez plissé, frissons, ventre noué, salive abondante.

La peur: Sensation de froid, accélération des battements du cœur, bouche sèche, ventre noué, tremblements.

La colère: Respiration rapide, sourcils froncés, mâchoire serrée, muscles contractés, tremblements, sensation de chaleur.

La tristesse: Larmes aux yeux, lèvres tremblotantes, gorge nouée, sensation de lourdeur dans tout le corps.

La joie: Sourire aux lèvres, yeux grands ouverts, chatouillements dans les mains et les pieds, battements de cœur rapides.

Tu peux te regarder dans un miroir pour voir l'effet des émotions sur ton visage et ton corps. Comment sont tes sourcils lorsque tu es fâché? Que fait ta bouche lorsque tu es dégoûté? Quelle est ta posture lorsque tu es joyeux?

Observe également les gens autour de toi pour apprendre à mieux distinguer les émotions. Le regard perçant de ta mère traduit-il de la colère ou de l'inquié-tude? La voix aiguë de ton enseignante signale-t-elle de l'irritation ou de l'excitation? Les larmes de ton petit frère proviennent-elles d'un sentiment de tristesse ou de frustration?

Apprends à te détendre

Les sensations liées aux émotions peuvent parfois être difficiles à supporter. Avoir le ventre noué ou les mains qui tremblent n'est pas très agréable! Il faut alors apprendre à se détendre, pour diminuer les symptômes physiques déplaisants. Voici quelques trucs pour y parvenir:

- Respire lentement par le nez en gonflant ton ventre comme un ballon, puis expire lentement par la bouche, comme si tu soufflais dans une paille.

- Contracte tous les muscles de ton corps, puis compte jusqu'à trois avant de les relâcher.

- Saute sur place jusqu'à ce que tu sois hors d'haleine, puis reprends ton souffle. Recommence à quelques reprises.

- Imagine-toi avec tes proches, dans un endroit où tu aimes beaucoup aller.

Comprends le message des émotions

Les émotions te renseignent sur ce que tu vis, sur ce qui est bon pour toi et sur ce que tu devrais faire pour te protéger, ou pour changer une situation désagréable.

Tes réactions physiques te signalent qu'une émotion monte en toi. Ton rôle est de la reconnaître, puis de comprendre le message qu'elle t'envoie. Pour y parvenir :

- Prête attention à ce que tu vis et à ce qui t'entoure. Quels gestes, paroles ou événements provoquent la réaction physique ? Est-ce le regard fuyant de ton ami qui te fait de la peine ? Ou le geste brutal de ton frère qui te met en colère ?

- Examine tes pensées. Essaie de comprendre ce que ta petite voix te dit dans ta tête. Quelles sont les perceptions, les idées ou les croyances qui entraînent cette émotion ? Penses-tu que ta petite sœur a fait exprès de détruire ton casse-tête ? Crois-tu que cet ami te rejette parce qu'il n'a pas été invité à ton anniversaire ?

● Interroge-toi aussi sur la justesse du message transmis par ton émotion. Il se peut qu'il soit inexact. Ta peur t'informe-t-elle d'une situation de danger réel ? Ta méfiance est-elle basée sur de véritables faits ou seulement des rumeurs ?

VOICI CE QUI PEUT CAUSER LES SIX PRINCIPALES ÉMOTIONS ET LE MESSAGE QU'ELLES T'ENVOIENT :

L'AMOUR

Cause : Émerge en présence d'affection, de complicité, de chaleur humaine, d'affiliation et d'harmonie.

Message : Cette émotion nous encourage à maintenir nos relations interpersonnelles. « J'éprouve de l'amour pour cette personne ? Alors, nous passerons beaucoup de temps ensemble, désormais ! »

LE DÉGOÛT

Cause: Provoqué par l'apparence, l'odeur ou la texture de choses nocives pour nous, tout comme par un manque de respect ou une injustice.

Message: Il nous incite à nous protéger et à faire des choix prudents. «Ce raisin a une drôle de couleur... Si je le mange, je risque d'être malade.»

LA PEUR

Cause: Déclenchée par le danger ou l'inconnu.

Message: Elle nous pousse à rechercher de l'aide, de la protection. «Ce chien qui grogne me fait peur. Il m'avertit de me tenir loin. Je vais reculer pour éviter de me faire mordre.»

LA COLÈRE

Cause: Occasionnée par de la frustration, de l'injustice, de l'impuissance ou un manque de respect.

Message: Elle nous conduit à réagir d'abord, puis à agir ensuite, pour changer la situation qui nous déplaît. «Je déteste que ma sœur me parle sur ce ton! Je vais le lui dire et ça ne devrait plus se reproduire.»

LA TRISTESSE

Cause: Survient à la suite de la perte d'un être cher, d'une séparation ou d'un échec.

Message: Cette émotion invite à solliciter le réconfort. «J'ai beaucoup de peine et ça me fait du bien de t'en parler. J'ai l'impression que tu me comprends...»

LA JOIE

Cause: Apparaît dans des situations de réussite, d'émerveillement ou de gratitude.

Message: Elle favorise le partage, la réjouissance et la création de liens avec les autres. «J'ai reçu des bonbons délicieux à ma fête! Goûtes-y, toi aussi!»

Pose le bon geste

Lorsque tu es parvenu à identifier l'émotion que tu ressens et à comprendre le message qu'elle t'envoie, tu dois ensuite poser les bons gestes.

Pour ce faire, tu peux :

- réfléchir aux options qui s'offrent à toi ;

- te rappeler ce que tu as fait, par le passé, dans une situation semblable ;

- penser à la façon dont les gens autour de toi se comportent lorsqu'ils vivent cette émotion ;

- évaluer ce qui te semble être la meilleure stratégie ;

- essayer plusieurs méthodes, si nécessaire. La gestion des émotions est un apprentissage, tu as le droit de te tromper.

SOUVIENS-TOI QUE TON ÉMOTION N'EST PAS RESPONSABLE DE TON COMPORTEMENT.

Voici de bons gestes à poser si ces émotions se présentent:

 L'amour: Embrasser, sourire, chatouiller, rigoler, discuter et partager.

 Le dégoût: Prendre une distance par rapport à ce qui nous dégoûte, demander conseil à quelqu'un.

 La peur: Solliciter la présence et le réconfort d'une autre personne, parler, dessiner, chanter à tue-tête, jouer à affronter sa peur, pratiquer sa confiance en soi.

 La colère: Crier dans un oreiller, respirer par le nez, parler, courir, écrire une lettre, déchirer du papier, s'isoler dans un endroit calme.

 La tristesse: Faire ou recevoir des câlins, s'entourer de gens qu'on aime, parler, pleurer, se reposer, faire une activité plaisante.

 La joie: Danser, chanter, rire, sauter... et profiter du moment!

UNE SAINE GESTION DES ÉMOTIONS EST ASSOCIÉE À DE BONNES COMPÉTENCES SOCIALES, À UN DÉVELOPPEMENT SOCIOAFFECTIF HARMONIEUX ET À UNE MEILLEURE SANTÉ PSYCHOLOGIQUE.

CEPENDANT, CET APPRENTISSAGE EST SOUVENT ARDU ET DEMEURE... LE TRAVAIL D'UNE VIE !

Vous pouvez accompagner votre enfant dans son cheminement avec diverses stratégies, qui l'aideront à développer son autocontrôle:

- Aidez-le à reconnaître ses réactions, en nommant ses symptômes physiques (*tu trembles*), ses expressions faciales (*tes sourcils sont froncés*) et l'émotion y étant associée (*tu es en colère*).

- Demandez-lui comment il s'est senti après un événement précis. S'il parvient difficilement à répondre, vous pouvez l'orienter, en lui exprimant comment vous vous seriez sentis dans le même genre de situation. *Je crois que, si j'avais reçu une mauvaise note à un examen pour lequel je m'étais bien préparé(e), j'aurais été très déçu(e). Être invité(e) à une fête d'anniversaire m'aurait rempli(e) de joie!* Utilisez la même approche pour discuter des réactions des gens qui vous entourent, des personnages d'un livre d'histoire ou d'un film, etc.

- Évitez d'associer les émotions de votre enfant à sa personnalité (*tu es timide, peureux, colérique,* etc.), comme s'il ne pouvait rien y changer.

- Lisez avec votre enfant les stratégies de gestion des émotions présentées dans ce livre, dans la section «Trucs et stratégies», et prenez le temps d'en parler avec lui. Par la suite, lorsque vous sentez que votre enfant vit une émotion, renforcez la stratégie qu'il utilise en la nommant à voix haute (*parler fait du bien, n'est-ce pas?*).

- Validez toujours les émotions de votre enfant en lui répétant qu'elles sont humaines, légitimes et acceptables; seuls les moyens de les exprimer peuvent être inadéquats.

- Afin qu'il se sente compris et accepté, ne banalisez pas ce que vit votre enfant. Prenez-le au sérieux, mais faites attention à la dramatisation, qui pourrait le placer en situation de victime.

- Aidez votre enfant à envisager d'autres perspectives, lorsque des événements entraînent des émotions douloureuses pour lui. Il ne s'agit pas d'inculquer une pensée magique, mais plutôt de développer sa capacité à être résilient. Enseignez-lui, par exemple, à voir ses déceptions comme des occasions d'apprentissage, à considérer sa colère comme une vive énergie à canaliser, à utiliser sa tristesse comme moteur de changement, etc.

- Ne perdez pas de vue qu'un enfant apprend beaucoup en observant ses parents. En faisant vous-mêmes preuve d'une bonne gestion de vos émotions et en servant de modèles, vous contribuez au développement de ses capacités d'autocontrôle.

- Enfin, si la gestion des émotions demeure problématique pour votre enfant malgré votre soutien et vos interventions, n'hésitez pas à solliciter l'aide d'intervenants quali-fiés (éducateur spécialisé, psychoéducateur, travailleur social, psychologue, etc.) en adres-sant une demande à votre CLSC ou à un professionnel au privé.

À propos de l'auteure

Ariane Hébert est psychologue et a fondé La boîte à psy (www.boiteapsy.com) pour répondre aux besoins des individus et des familles aux prises avec des défis particuliers. Titulaire d'une maîtrise en psychologie de l'UQTR ainsi que d'une scolarité doctorale de l'Université de Montréal, l'auteure s'est spécialisée en évaluation de la santé mentale. Au plan clinique, elle détient une formation en thérapie cognitivo-comportementale et humaniste ainsi qu'une accréditation en EMDR et en stress post-traumatique. Auteure de plusieurs livres à succès, formatrice et conférencière, elle est aussi très active dans les médias et pratique depuis plusieurs années en bureau privé. À ce jour, elle est convaincue que son métier est (tout juste après celui de maman) le plus beau métier du monde...

Si vous avez des questions ou des commentaires,
visitez le site Web de l'auteure:

boiteapsy.com

 Consultez également la page Facebook :
La boîte à psy

De la même auteure

Être parent est un défi quotidien, et il n'existe malheureuse-
ment pas de manuel d'instruction ! Cependant, pour guider son
enfant vers l'autonomie, il existe certains principes de base. Ils
vous sont présentés dans ce livre afin que vous vous sentiez
mieux outillé pour jouer votre rôle. Ponctué de faits vécus et de
cas cliniques, cet ouvrage sympathique stimulera vos réflexions
et sera à coup sûr une aide précieuse pour tout parent.

De la même auteure

Votre enfant voit-il des dangers partout? S'alarme-t-il sans raison? Envisage-t-il le pire de toute situation? Perçoit-il les tâches à accomplir comme une montagne? A-t-il peur de l'échec? Si vous avez répondu oui à l'une de ces questions, ce conte illustré vous permettra d'aborder l'anxiété avec lui, d'une façon simple et imagée.

Léo a neuf ans quand il reçoit un diagnostic de TDA/H. « J'ai un QUOI ? » se demande-t-il, un peu confus. Comment répondre à cette question ? Rien de mieux qu'un conte illustré pour expliquer aux enfants les différentes facettes du TDA/H !

Cet ouvrage est un outil indispensable pour les parents et les intervenants qui souhaitent aborder ce trouble avec les enfants.

De la même auteure

Que sont le stress et l'anxiété ? D'où proviennent-ils et pourquoi certains enfants et adolescents y sont-ils plus sensibles ? Quels sont les facteurs provoquant l'apparition de l'anxiété ? En quoi consistent les différents troubles anxieux ? Comment peut-on prévenir l'anxiété et la traiter ? Ariane Hébert propose ici des stratégies et des trucs concrets, faciles à mettre en pratique, afin d'aider l'adulte à intervenir adéquatement.

De la même auteure

Quels sont les signes qui permettent de détecter le TDA/H ? À qui doit-on s'adresser pour que notre enfant soit évalué et quelles sont les démarches à faire dans ce sens ? Une fois le diagnostic confirmé, comment prendre une décision éclairée concernant la médication ? Ariane Hébert propose ici des stratégies et des trucs concrets, faciles à mettre en pratique, afin d'aider l'adulte à intervenir adéquatement.

Achevé d'imprimer
sur les presses de
Imprimerie H.L.N.
Imprimé au Canada - Printed in Canada